DE

L'INCOMPÉTENCE

DES TRIBUNAUX

DANS

LE PROCÈS DU CRI DES PEUPLES.

De l'Imprimerie de RENAUDIÈRE, rue du Marché-
Neuf, N°. 48.

DE
L'INCOMPÉTENCE
DES TRIBUNAUX

DANS LE PROCÈS DU CRI DES PEUPLES,

OU

MÉMOIRE

SUR L'ÉTAT ACTUEL DE NOTRE LÉGISLATION
DE LA PRESSE,

SOUMIS A LA MÉDITATION DE MM. LES CONSEILLERS DE LA COUR
DE CASSATION ET DE MM. LES JURISCONSULTES;

PAR ALEXANDRE CREVEL,

POURVU EN CASSATION.

Lege et crede.

A PARIS,

CHEZ L'HUILLIER, LIBRAIRE, rue Serpente, n°. 16.

1818.

DE

L'INCOMPÉTENCE

DES TRIBUNAUX

DANS LE PROCÈS DU CRI DES PEUPLES,

OU

MÉMOIRE

Sur l'état actuel de notre législation de la presse,

Soumis à la méditation de MM. les Conseillers de la Cour de cassation et de MM. les Jurisconsultes.

§ Ier.

Du système interprétatif adopté par les tribunaux; ses dangers, ses effets.

Le système des interprétations adopté par les tribunaux de Paris est à la fois inconstitutionnel et funeste à la liberté publique; il est inconsti-

1

tutionnel ; parce qu'il ne tend qu'à détruire entièrement le droit de publier les opinions, consacré par la charte , puisqu'aucun ouvrage , dans quelque bonne intention qu'il ait été écrit, ne pourrait échapper à la proscription , les phrases les plus innocentes pouvant, par interprétation, présenter indéfiniment un sens repréhensible. Il est funeste à la liberté publique, parce qu'il est attentatoire au droit de propriété et à la liberté individuelle, en présentant, sans cesse, des pièges qui ne peuvent éviter les écrivains les mieux intentionnés.

Les tribunaux n'ont aucune règle fixe pour juger. Tel auteur publiera un ouvrage , réputé à l'abri de tout reproche , tel autre répétera les mêmes idées , les mêmes opinions, en exprimant sa pensée avec d'autres expressions ; ces nouvelles expressions interprétées , selon le système du jour, offriront la sédition.

Pour démontrer toute la justesse de cette assertion , je vais placer quelques citations à côté de divers passages extraits du *Cri des peuples* , réputés séditieux par le ministère public et les tribunaux.

Cri des peuples.

Un souverain peut-il donner en fait et en droit une consitution à un peuple ? Non. On	Après les traverses et les orages de plusieurs révolutions politiques, qui ont laissé du

ne peut accorder que ce dont on a la possession ou la disposition. Donner ou accorder une constitution c'est faire une concession. Les constitutions out pour base les droits des peuples, ces droits impérissables qui, une fois perdus, se retrouvent dans la morale naturelle et dans la morale religieuse.

moins aux Français les conseils de l'expérience et la leçon du malheur, Louis-le-Désiré, rappelé au trône de ses pères, a reconnu le vœu de la nation, qui réclamait la liberté de la presse comme l'une des bases sur lesquelles devait s'appuyer désormais l'édifice social. Le roi, jugeant le plan de constitution qui lui était proposé, a prononcé que l'une des garanties de la constitution libérale qu'il était résolu d'*adopter*, serait la liberté de la presse.

Que l'on compare le passage du Cri des peuples et cette citation extraite du rapport de la commission de la presse, de la chambre des députés, prononcé le 1er. août 1814, et publié par les journaux, on se convaincra que ces deux citations présentent le même sens.

Il n'y a point concession de la part du souverain; mais la démocratie, qui représente le peuple, à l'aide de la force que lui prêtent les événemens, reprend la propriété héréditaire, inaliénable de ses ancêtres, usurpée par la monarchie ou par les ancêtres du monarque (les droits des peuples).

Une charte peut *reconnaître* et *respecter* le droit qu'ont tous les citoyens de communiquer par l'écriture leurs opinions et leurs sentimens, ainsi qu'ils les communiquent par la parole. Mais une charte *ne confère pas ce droit* : il vient de plus haut et de plus loin, comme le droit de penser, de parler et d'agir. (*Rapport de la commission.*)

A ces citations, j'en ajouterai plusieurs autres

extraites d'un ouvrage qui circule librement depuis long-temps, et je leur appliquerai certains passages du réquisitoire prononcé par le ministère public dans le procès du Cri des peuples.

La misère des peuples de l'Europe étant l'ouvrage des *gouvernemens*, croira-t-on raisonnablement qu'en combattant contre leurs sujets, les souverains resteront maîtres du champ de bataille? Non. Tôt ou tard ils succomberont... Ennuyés d'être mal gouvernés, les peuples essaient de se gouverner eux-mêmes.

Les peuples ne souffrent que par la faute des *rois*.....

Mais, pourquoi prendre plaisir à gouverner les peuples malgré eux? Gouverner les peuples contre leur volonté, c'est se rendre bien misérable, pour avoir le faux honneur de les tenir dans l'esclavage.....

Ainsi tomberont tous les rois qui se livreront aux conseils des esprits flatteurs.....

« Quand on pense où aboutissent de pareilles
» maximes, on ne peut trop déplorer le délire
» qui les propage. Le sieur...... nous apprendra-
» t-il comment les peuples essaient de se gou-
» verner eux-mêmes? Est-ce au moyen d'une
» convention, d'un directoire ou d'un con-
» sulat? »

Peut-on croire qu'un peuple, gémissant dans les fers dont le chargerait un tyran légitime, par droit d'hérédité, ne secouerait pas le joug qu'il lui impose, pour se mettre sous le gouvernement paternel, moral, sage et religieux d'un

Mais attendez la moindre révolution ; cette puissance monstrueuse, poussée jusques à un excès trop violent, *ne saurait durer*. Elle n'a aucune ressource dans le cœur des peuples ; elle a lassé et irrité tous les corps de l'Etat ; elle

Antonin, d'un Marc-Aurèle, d'un Henri IV, qui seraient illégitimes?

a contraint tous les membres de ces corps *à soupirer après un changement*. Au premier coup qu'on lui porte, l'idole se renverse, se brise, et est foulée aux pieds.....

L'imprudence heureuse dans ses fautes, et la puissance montée jusques au dernier excès d'autorité absolue, sont les avant-coureurs du renversement des rois et des royaumes.....

« Cette hypothèse spécieuse ne peut cacher
» tout ce qu'a de monstrueux cette proposition
» téméraire. Il est clair, d'après le sieur......,
» que le peuple est maître de se constituer,
» quand il lui plaît, juge de ses Rois. Car, pour
» savoir s'ils sont tyrans, il faut bien les juger. »

Dans des temps malheureux, l'homme reste indifférent, et s'abandonne à la merci des événemens. S'il reste indifférent à l'égard du souverain, sera-t-il porté à le défendre ? Il dira comme ce soldat du grand Frédéric, qui se tenait éloigné du champ de bataille : je n'ai aucune prétention à la couronne; règne qui voudra.

La fraude et l'inhumanité frappent peu à peu les plus solides fondemens de l'AUTORITÉ LÉGITIME..... Elle tombe de son propre poids, et rien ne peut la relever, parce qu'elle a détruit, de ses propres mains, les vrais soutiens de la bonne foi et de la justice, qui attirent *l'amour et la confiance*.

Faut-il s'étonner que les hommes soient *ingrats* pour des princes qui ne les ont jamais exercés qu'à l'injustice, qu'à la mauvaise foi. Le prince ne doit attendre d'eux que ce qu'il leur a appris à faire.

« Il prétend que tout citoyen qui n'est pas
» heureux peut refuser de servir un *ingrat* gou-
» vernement....... Malheur aux cœurs égoïstes
» qui adopteraient ces lâches principes. Mal-
» heur aux citoyens qui ne sont Français que
» dans la bonne fortune, quand il est si beau,
» si noble de l'être dans l'adversité. »

Quel est donc cet écrivain qui, (par interprétation) *excite* les peuples à la révolte, *insinue*
le renversement des trônes et des Rois ? C'est
sans doute, un révolutionnaire, un monstre,
un Marat. Eh, bien ! ce révolutionnaire, ce
monstre, c'est.... c'est le sage, le vertueux,
l'illustre auteur de Télémaque, dont l'auteur du
cri des peuples a suivi les erremens. Bien loin
de son modèle, comme écrivain, ses intentions seules rapprochent la distance qui l'en
sépare.

Il est incontestable, que si Fénélon publiait
aujourd'hui son ouvrage, il ressentirait les
effets de l'application du système des interprétations. On verrait ce vertueux prélat (qui n'é-
tait pas assurément l'ennemi de la légitimité)
figurer en soutane violette dans la salle de
police correctionnelle ; le ministère public,
en l'assimilant à l'auteur du *cri des peuples*,
lui donnerait une part dans l'héritage de Marat,
en disant « Cet apôtre sans mission, ce man-

» dataire sans pouvoir ; vient enseigner aux
» peuples la désobéissance ; ne craint-il pas
» le honteux désaveu de ceux dont il se cons-
» titue si indiscrètement le défenseur suprême...
» Il ne parle que d'oppression , de tyrannie;
» reproche insolemment aux rois la misère
» de leurs sujets, et *insinue* à ceux-ci que leur
» fidélité ne doit se mesurer que sur les bien-
» faits du gouvernement. »

Télémaque fut imprimé sous la monarchie absolue , *avec privilége du Roi*, écrit sous les yeux du monarque , pour l'instruction d'un jeune prince qui devait un jour monter sur le trône : mais , Louis XIV crut se reconnaître dans Adraste , et Fénélon éprouva quelques disgraces ; cet ouvrage circule depuis *cent ans* ; on le réimprime chaque année ; il est autorisé par l'université, mis dans les mains de la jeunesse comme livre classique ; les instituteurs le font apprendre par cœur à leurs élèves.

M. Marchangy avait , sans doute, perdu de vue le système des interprétations et Télémaque , lorsqu'il a dit , dans l'affaire de M. Fiévée : « que l'ame expansive de Fénélon règle » les destinées d'une Salente imaginaire..... Ces » créations ingénieuses n'ont rien d'âpre , » d'hostile et de *séditieux* : ce sont *des sources*

» *pures* où les princes et leurs conseils peuvent
» venir puiser avec attrait, parce qu'elles n'ont
» point été troublées par *les passions humai-*
» *nes* et les *intérêts secrets.* »

Dire qu'*ainsi tomberont tous les rois* , que
c'est être bien misérable de gouverner les peuples *malgré eux*, que l'autorité légitime force
tous les corps de l'État à *soupirer après un
changement,* c'est faire couler *les sources pures*
de la souveraineté du peuple , *par interprétation ;* selon la raison et le sens commun , en
laissant les phrases entre leurs antécédens et
leurs conséquens qui développent la pensée ,
c'est donner de salutaires conseils , indiquer le
danger afin qu'on l'évite ; par conséquent les
sources les plus pures peuvent être empoisonnées
par les interprétations suggérées par *les passions humaines* et les *intérêts secrets.*

Par l'application du système interprétatif,
les hommes les plus illustres n'échapperaient
point à la persécution dirigée , de nos jours,
contre les écrivains. Cet immortel Montesquieu,
auquel nous avons élevé une statue près du pé-
ristyle du palais de nos législateurs , viendrait
expliquer vainement à ses juges dans quelle
intention, dans quel esprit, il a conçu *l'esprit
des lois.*

Fénélon et Montesquieu seraient condamnés en 1818. M. Marchangy les sermonerait, en disant « La révolution eut aussi son orateur du » genre humain et son ami du peuple, *ses fai-* » *seurs d'esprit* et *ses faiseurs de lois* ; les » sieurs Fénélon et Montesquieu suivent doci- » lement les erremens de leurs devanciers. » Vertueux Fénélon, sagé Montesquieu, vous êtes bien heureux d'être morts.

Les magistrats chargés de l'exécution de la loi de novembre (qui ne dit pas qu'il fallut juger par l'interprétation de phrases isolées) peuvent tomber eux mêmes dans les cas prévus par cette loi. Je le prouverai en citant un pas- sage du réquisitoire prononcé par M. Marchan- gy dans l'affaire du cri des peuples.

« Qu'il vienne sous les chaumières et dans » les ateliers de ce peuple dont il a rêvé les cris, » et qu'il nous dise, après l'avoir vu paisible- » ment occupé de ses travaux et de son indus- » trie, s'il l'a entendu réclamer les principes » abstraits, *les droits imaginaires* que fait » éclore l'idéalisme des publicistes de nos » jours, *fantômes* d'un esprit inquiet et » malade..... »

Que l'on consulte les archives de la librairie, on se convaincra que sur cent ouvrages sortis de la plume *des publicistes de nos jours* ; quatre-vingt-quinze, au moins, ne réclament d'autres droits que ceux consacrés par la charte.

M. Marchangy en prétendant que les droits, réclamés par les *publicistes de nos jours*, sont des *droits imaginaires*, s'expose au reproche qu'il m'a fait *de poser en principe que cet acte n'est pas valable* ; il est séditieux aux termes de l'article 5, de la loi de novembre.

M. Marchangy reconnaissant que la charte a été concédée par le monarque, les droits qu'elle consacre n'étant, suivant lui, que les *fantômes d'un esprit inquiet et malade*, l'esprit du Roi régnant dans la charte que le souverain a souscrite et rédigée, M. Marchangy fait entendre *que le Roi est un esprit inquiet et malade* ; il tend, par conséquent, à affaiblir par des injures et des calomnies, le respect dû à la personne du Roi ; je lui applique encore l'article 5 de la loi de novembre.

M. Marchangy affirmera qu'il n'a pas eu de semblables intentions ; je lui répondrai, c'est possible, mais *j'interprète*. Vous êtes séditieux. Vous tombez dans les filets que vous m'avez tendus ; vous m'avez supposé des intentions que je n'eus jamais : pourquoi serais-je envers vous plus indulgent que vous ne l'avez été envers moi ? Je n'ai dans aucun temps vanté la bienfaisante influence de *l'astre radieux de* 1813 dont **M.** Marchangy parle dans un de ses ouvrages , et dont je pourrais indiquer le nom par *interprétation*.

Les écrivains qui expriment franchement leurs opinions , sont ceux que l'on attaque avec le plus d'ardeur.

Fénélon a dit avec raison (Télémaque , liv. XIV) « Les princes gâtés par la flatterie vont jusqu'à s'imaginer qu'on n'est pas zélé pour leur service et qu'on n'aime pas leur autorité dès qu'on n'a point *l'ame servile*, et qu'on n'est pas prêt à les flatter dans l'usage le plus injuste de leur puissance ; toute parole LIBRE ET GÉNÉREUSE leur paraît hautaine , critique et SÉDITIEUSE. (1)

Il est temps d'abandonner ce monstrueux système qui ne tend à rien moins *qu'à créer le délit*, à trouver des coupables dans des innocents , et à donner de l'importance à des phrases qui seraient à peine aperçues du lecteur et ne produiraient aucun effet sur son esprit. S'il

---

(1) Fénélon parlait des rois, moi je parle des gouvernemens dont les rois sont les chefs. Il a dit aussi : *les hommes qui haïssent la vérité haïssent ceux qui ont la hardiesse de la dire.*

en était autrement, il faudrait rayer de la charte ces mots : *les français auront le droit de publier et de faire imprimer leurs opinions* ; il est temps enfin de parler la langue de la raison devenue pour nous une langue étrangère.

§. II.

De la loi de novembre 1815, de son interprétation, de son application.

Si l'on disait aux juges qui composent les tribunaux de police correctionnelle, érigés en juridictions politiques : vos condamnations sont tellement rigoureuses, qu'elles étonnent. Vous êtes moins sévères à l'égard des filous, qu'envers les écrivains. Vous n'observez pas les distances placées entre eux par les convenances sociales qui exigent qu'on établisse une distinction de droit, entre des faits positifs et des faits toujours douteux : ils répondraient, assurément ; nous sommes forcés d'appliquer la loi de novembre.

Quelle est donc cette terrible loi de novembre, avec laquelle les tribunaux correctionnels flagellent si cruellement les écrivains ? J'y vois une loi pénale provisoire, qui aggrave les peines prononcées par le Code. J'y trouve une règle pour la distinction et l'application des peines, mais non pas une règle de procédure et un guide pour juger.

Si les magistrats chargés de l'exécution et de l'application de cette loi, s'étaient identifiés avec son esprit, ils sauraient quelle a été créée pour punir des délits résultants de faits légalement constatés.

La loi punit les individus qui invoquent le nom de l'Usurpateur, d'un membre quelconque de sa famille, de tout autre chef de rebellion : ceux qui distribuent des dessins, images tendants au même but, qui arborent un drapeau, une cocarde d'une couleur autre que la couleur royale, etc., faits matériels, dont les preuves matérielles se trouvent sur les lieux mêmes où le délit a été commis ; délit qu'il est facile de juger sur des preuves testimoniales, sans commettre aucune erreur.

Considérant de la loi. « Nous eussions voulu
» laisser toujours à l'action sage et mesurée des
» tribunaux ordinaires, la répression de tous les
» délits ; mais après de si longs troubles, au milieu
» de tant de malheurs, de grandes passions s'a-
» gitent encore. Il faut pour les comprimer, pour
» arrêter les désordres que produirait leur explo-
» sion, des formes plus simples, *une justice* PLUS
» RAPIDE, et de peines qui concilient les droits

» de la clémence et la sûreté de l'état. Notre Charte
» constitutionnelle a réservé par l'article 63 le tri-
» bunal que réclament les circonstances. La JURI-
» DICTION PRÉVOTALE a en sa faveur l'expérience
» des temps passés, et nous promet les heureux
» résultats qu'elle a produits sous les Rois nos
» ancêtres ; mais tandis que notre conseil pré-
» pare, avec maturité, les dispositions de la loi
» qui doit *la rétablir*, nous avons cru devoir
» chercher un remède momentané dans une
» législation provisoire. »

Peu de temps après la promulgation de cette
loi, les cours prévotales furent instituées et
chargées de son exécution, en ce qui concernait
les délits qu'elle spécifie. Les délits de la presse
restèrent dans les attributions des tribunaux de
police correctionnelle.

La rigueur de cette législation a été atténuée
par la suppression des cours prévotales. Les délits sur lesquels les cours prononçaient, sont
rentrés dans le domaine des tribunaux ordinaires.

Cette suppression a amélioré d'une manière
sensible notre législation, relativement aux délits
politiques ; mais, par une singularité aussi étrange que difficile à expliquer, les écrivains, égaux
aux autres citoyens d'un même état, devant la
loi, soit qu'elle protège, soit qu'elle punisse,

bien loin de ressentir les bienfaits de cette amélioration, sont aujourd'hui plus rigoureusement jugés par les tribunaux *ordinaires* (dont ils n'ont cessé d'être judiciables), que les justiciables des cours *extraordinaires* prévotales.

Les écrivains, quoique leur culpabilité ne soit jamais prouvée *ex professo*, sont comme auteurs de délits immatériels, plus maltraités par la police correctionnelle, que ne le furent par la juridiction prévotale, les auteurs de délits matériels. Ils supportent des condamnations plus graves; indépendamment de l'amende, ils perdent par la confiscation leur propriété mobiliaire, c'est-àdire, les fonds déboursés pour les frais d'impression. Par conséquent, un délit douteux et sans cesse contesté, est plus sévèrement puni qu'un délit matériel et constant.

J'entends par délit matériel, celui que résulte de preuves qui frappent les sens; par délit immatériel celui qui n'est constaté que par l'exercice des facultés intellectuelles.

Qu'un individu invoque sur une place publique le nom de l'Usurpateur, qu'il plante un drapeau tricolore, qu'on le cite devant ses juges, qu'il soit condamné conformément à la loi de novembre, l'opinion sanctionnera le jugement, quel que soit l'esprit de parti qui la divise, parce que l'intention de l'accusé est tellement évidente, qu'il lui serait impossible de la couvrir du voile du bien public, de s'excuser sur le désir d'être utile à son pays, puisque tout citoyen doit obéissance au gouvernement, et respect aux institutions établies.

Que l'on publie la procédure d'un procès concernant une accusation d'assassinat ou d'escroquerie, l'opinion admettant les preuves, lorsqu'elles sont irrécusables, jugera avec les tribunaux et confirmera la sentence (comme dans l'affaire de Rhodez et dans celle du faux Louis 17); mais en suivant de point en point la procédure relative à un écrit imprimé, l'opinion peut souvent casser l'arrêt qui n'est point le résultat de l'application des lois *qui n'existent pas*, puisque les juges ne prononcent que d'après *leur opinion*, qui n'est point l'interprétation de la règle écrite. Il est reconnu que ces sortes de délits, soumis aux tribunaux, résultent de faits étrangers aux études, aux méditations, aux attributions habituelles des membres qui les composent.

Qu'un avocat du Roi, en prenant ses conclusions, réclame une peine contre un auteur ; qu'il le présente comme un apôtre sans mission, comme un mandataire sans pouvoir, la partie saine et éclairée de la nation concluera, de ce que ce magistrat professe de faux principes, quil doit assurément errer dans son accusation, et que cette erreur sera partagée par les juges qui adopteront ces mêmes principes. La condamnation sera réprouvée par l'opinion.

Sous un gouvernement représentatif, la loi fondamentale consacre le droit de publier les opinions. Tout citoyen peut écrire ; il trouve son mandat, sa mission dans la constitution, qui n'est autre chose que l'acte sacramentel qui renferme son mandat, et constitue ses pouvoirs.

Manifester des craintes sur la durée des institutions, sur le maintien du gouvernement, ce n'est pas *insinuer* la désobéissance, *exciter* à la rébellion et *provoquer* le renversement de l'ordre établi. C'est soumettre à ses concitoyens, aux administrateurs des réflexions salutaires, indiquer le danger qui n'est pas aperçu. Donner des conseils, des avis, ce n'est pas être séditieux ; c'est, au contraire, user sagement d'un droit positif ; c'est être mandataire avec pouvoir, apôtre avec mission ; c'est enfin dans cette situation que se trouvent les auteurs de la Correspondance politique et du Cri des peuples.

La loi de novembre n'a point dérogé à certaines dispositions de la loi de 1810, et les trois

cas de culpabilité qu'elle établit sont prévus par
l'article 10 de cette loi, ainsi conçu : « Il est
» défendu de rien imprimer ou faire imprimer
» qui puisse porter atteinte aux devoirs des su-
» jets envers le souverain et à l'intérêt de l'Etat.
» Les contrevenans seront traduits devant nos
» tribunaux et punis conformément au Code
» pénal, etc. »

L'ordonnance du 10 juin 1814 maintient les
lois antérieures, et en ordonne l'exécution jusqu'à ce qu'il en ait été autrement ordonné. Les
lois postérieurement rendues n'ont point été
spécialement annullées. Toutes les dispositions
qui ne contreviennent point aux nouvelles sont
encore exécutoires.

Les écrivains se trouvent placés à la fois sous
l'empire de la loi de novembre et sous l'exécution
des lois antérieures. La loi de novembre, ainsi
que l'indique le préambule précité, fut princi-
palement créée pour réprimer les cris, discours
et actes séditieux qui n'étaient point formelle-
ment spécifiés par les anciennes lois. Le législateur, jugeant que la voie de la presse pourrait
faire naître les mêmes dangers que les cris et
discours, rangea les écrits dans la même catégorie, et quelques lignes furent introduites dans

les articles de la loi relativement aux écrits inr-
primés ou non, affichés et distribués.

Mais il est facile de se convaincre, en lisant la
loi, que le législateur a voulu particulièrement
désigner par la dénomination d'écrits imprimés,
ces écrits *affichés, vendus, distribués clandes-
tinement,* qui auraient le même but que les cris et
discours. On doit ranger dans cette classe les pla-
cards, affiches, ou d'autres écrits distribués avec
des intentions non moins équivoques que celles
qui dirigent les auteurs de cris et discours.

Dans cette classe ne peuvent être raisonnablement rangées les brochures dont les auteurs
remplissent toutes les formalités voulues par la
loi de 1814, *déclaration et dépôt,* car, à coup-
sûr, l'auteur et l'imprimeur d'un ouvrage véri-
tablement séditieux, de la nature de ceux que la
loi de novembre a voulu atteindre en frappant
les délinquans d'une peine plus grave que celle
portée par les lois ordinaires, éluderaient la formalité et se garderaient bien de dénoncer à l'autorité leurs coupables intentions, en la mettant
à portée de sévir promptement, puisque les ouvrages déposés portent le nom de l'imprimeur,
responsable (et dégagé de la responsabilité en
indiquant l'auteur.)

Le *Furet* et la *Pétition aux chambres* dont

les distributeurs, *en l'absence de l'auteur et de l'imprimeur restés inconnus*, ont été dernièrement cités, et jugés par les tribunaux, étaient seuls dans les cas prévus par la loi de novembre. Cette observation mérite de fixer l'attention; on en appréciera la justesse.

Un individu qui se proposerait de commettre un délit matériel se garderait bien de dire dans les lieux publics, ou d'avertir l'autorité, que le lendemain il ameutera le peuple, qu'il prononcera un discours séditieux, qu'il plantera un drapeau autre que le drapeau royal, sur la place publique.

Un auteur et un imprimeur qui voudraient atteindre un but à peu près semblable, éluderaient les formalités, puisqu'ils seraient certains d'avance que leurs projets seraient annihilés immédiatement après le dépôt, et que leur tentative deviendrait infructueuse. Nous en avons la preuve dans la vigilance que déploie l'autorité dans la saisie des ouvrages.

Mais l'autorité a gardé envers les tribunaux le plus profond silence relativement à ma brochure; elle a paru se renfermer dans un système absolu de *dénégation*. Elle n'ignorait pas qu'elle existait. Le Cri des peuples a été annoncé dans le journal *officiel* de la librairie. La chambre des députés , en *décembre dernier*, en agréa l'hommage. Deux exemplaires furent déposés à sa bibliothèque. Quatre ou cinq journaux, en rendant compte de la séance, firent mention de cet ouvrage, le titre fut inséré tout entier, et par conséquent annoncé (1). Les journaux ont reçu l'ordre de ne point en parler lorsqu'il fut mis en vente ; *donc l'autorité connaissait l'ouvrage.* Des raisons particulières l'engagèrent à donner cet ordre.

Au mois de novembre , je publiai mon Cri des auteurs ; je me plaignis de cette défense. Je demandai si mon ouvrage était *répréhensible.* Je disais positivement : « si cet ouvrage est anti-
» moral, anti-national, anti-royal, POURQUOI
» EN A-T-ON PERMIS LA PUBLICATION ?......
» S'il n'est pas susceptible de RÉPROBATION ,
» pourquoi en défend-on l'annonce ? Sans le
» secours des tribunaux, sans afficher le scan-
» dale , vous pouvez juger mon ouvrage. . . . .
» signalez-moi més mensonges, mes calom-
» nies, etc., je prendrai la plume pour consigner,
» dans un nouvel écrit que je livrerai de suite à

---

(1) Voyez le Journal de Paris, celui du Commerce, et autres, date du   décembre.

» la presse , mes ERREURS et mes INJURES
» mêmes , si vous me démontrez que je suis
» *injurieux* ».

C'était quinze à vingt jours après la publication
de mon ouvrage que je m'exprimais ainsi. On
prétendrait aujourd'hui me condamner comme
séditieux et m'appliquer la loi de novembre !
Mon Cri des auteurs a été déposé, et l'on ne peut
nier son existence. D'ailleurs, le *Supplément*
que le jugement a supprimé, et qui renfermait
une introduction à ma défense , ayant été mis
sous les yeux du tribunal ; les juges ne peuvent
prétexter cause d'ignorance , puisque les passages
ci-dessus mentionnés sont répétés dans ce supplément.

J'ai rempli toutes les formalités exigées par la
loi. *J'ai fait plus* , j'ai éveillé l'attention de
l'autorité sur mon ouvrage. J'ai provoqué la
saisie en novembre. *Quoique bien connu,* puisque
les journaux l'ont annoncé , en rendant compte
de la séance de la chambre des députés, puisque,
lors de son apparition , il avait été fait défense
de l'annoncer, cet écrit n'a point été saisi en
novembre, décembre et janvier , mais le 3 février.

Je conclus, 1°. que les tribunaux étaient *in-*

compétens pour me juger comme séditieux, aux termes de la loi de novembre; 2°. que cette loi ne m'était point applicable : je demande, par conséquent, la cassation du jugement.

§. III.

De l'incident joint au fond.

Le 28 mars, jour où ma cause fut plaidée, on me demanda si j'étais l'auteur d'une nouvelle brochure, publiée depuis la dernière audience, ayant pour titre le *Cri de la Nation*, etc. ; sur ma réponse affirmative, M. l'avocat du Roi se leva, et dit que cette brochure renfermait des calomnies et des injures qui lui étaient personnelles, et qu'il s'en rapportait à la sagesse du tribunal. Le tribunal déclara, par l'organe de son président, que *l'incident serait joint au fond*.

Mon avocat observa, que n'ayant point connaissance de l'incident, il allait plaider au fond. M. l'avocat du Roi ne résuma point l'affaire, conformément à l'article 190 du Code d'instruction, il se borna à citer l'article 638 concernant l'opposition de fin de non-recevoir. La cause fut renvoyée à huitaine. Le tribunal, statuant sur l'incident en calomnie, sans instruction préalable, prononça son jugement.

Il n'y eut donc point d'accusation en calomnie portée contre moi selon les formes voulues par la loi. La cause incidente n'a point été instruite, les prétendues calomnies n'ont point été exposées, afin que je pusse les réfuter, en faisant entendre ma défense dans cette nouvelle cause. J'ai été jugé sans avoir été entendu.

La condamnation est appuyée sur les art. 367, 368, 371 et 377 du Code pénal. Le texte de ces articles est inséré dans le jugement. Examinons si les juges ont bien appliqué la loi.

Art. 367. Sera coupable du délit de calomnie celui qui, soit dans des lieux ou réunions publics, soit dans un acte authentique et public, soit dans un écrit imprimé ou non, qui aura été affiché, vendu ou distribué, aura imputé à un individu quelconque des faits qui, s'ils existaient, exposeraient celui contre lequel ils sont articulés à des poursuites criminelles ou correctionnelles, ou même au mépris ou à la haine des citoyens.

La calomnie est l'imputation d'un fait. Le seul fait que j'aie imputé à M. l'avocat du Roi consiste dans le reproche que je lui ai adressé (ainsi que M. Fiévée) d'avoir tronqué mes phrases et dénaturé ma pensée. Ce fait existe-t-il ? *Il n'est que trop prouvé.* J'ai dit la vérité, donc je ne suis point calomniateur.

J'ai reproché à M. l'avocat du Roi d'avoir eu la bonté de me signaler comme un révolutionnaire successeur de l'affreux Marat. M. l'avocat du Roi se trouve dans le cas prévu par l'article 368.

Art. 368. Est réputée fausse toute imputation à l'appui de laquelle la preuve légale n'est point rapportée. En conséquence, l'auteur de l'imputation ne sera pas admis, pour sa défense, à demander que la preuve en soit faite. Il ne pourra pas non p'us alléguer comme moyen d'excuse que les pièces ou les faits seuls sont notoires, ou que les imputations [qui donnent lieu à la poursuite sont copiées, ou extraites de papiers étrangers, ou *d'autres écrits* imprimés.

M. l'avocat du Roi ne peut alléguer que le fait qu'il m'impute (le maratisme) est extrait ou copié de papiers étrangers ou d'autres écrits imprimés , parce qu'aucun papier étranger, aucun écrit ne m'a présenté comme un révolutionnaire, comme un scélérat, si ce n'est la Gazette de France, qui, en juillet 1817, en rendant compte très-succinctement de mon *Essai philosophique sur le grand art de gouverner un état , de rendre un peuple heureux , d'assurer la prospérité d'une nation* et LA STABILITÉ D'UN EMPIRE, dévoila mon maratisme et mon sans-culotisme , en disant : *Chaque page , chaque ligne de cet écrit décèle un de ces bons citoyens à qui l'amour de l'humanité ne laisse pas un seul moment de repos.* (On s'est aperçu en effet que je ne me repose pas.)

Les rédacteurs de cette feuille, il est vrai, ne m'ont jamais vu , *mais ils m'ont lu.* M. Marchangy m'a vu à l'audience pour la première fois, mais *il ne m'a pas lu* avant de prononcer son réquisitoire (1).

L'article 371 exprime : « que lorsque la preuve légale ne sera point rapportée , le calomniateur sera puni des peines y désignées.» M. l'avocat du Roi a-t-il rapporté la preuve légale, en me signalant comme l'héritier de Marat....? Non.

Art. 377. A l'égard des imputations et des injures qui seraient contenues dans les écrits relatifs à la défense des parties, ou dans les plaidoyers, les juges *saisis de la contestation* pourront, en jugeant la cause, ou prononcer la suppression des injures ou des écrits imprimés , ou faire des injonctions aux auteurs du délit, ou les suspendre de leurs fonctions, et statuer sur les dommages et intérêts.

Les juges ont considéré mon *post-scriptum* comme faisant partie d'un écrit servant à ma défense. Mais on sait qu'un *post-scriptum* n'est

-----

(1) M. l'avocat du roi, pendant les débats, a déclaré publiquement devant l'auditoire *qu'il n'avait pas lu l'ouvrage* (séditieux), qu'il s'était borné à le feuilleter et à noter les passages séditieux. M. l'avocat du roi, qui a condamné ma brochure, ignore quel motif m'a dirigé , dans quelle intention je l'ai écrite, et quel but j'ai voulu atteindre.

qu'une addition à l'ouvrage entier. Le P.-S. n'est point relatif à ma défense : tout-à-fait distinct de l'ouvrage et du supplément, il ne renferme que des *reproches* adressés à M. l'avocat du Roi. Sont-ils bien ou mal fondés ? Tel était le point de la question. C'est ce que nous aurait appris une instruction spéciale et légale.

Prétendre que j'*affecte une sensibilité de calcul*, que je répands *des larmes feintes*, sans en rapporter la preuve légale ou morale, c'est publier que je suis un *hypocrite*, un *tartufe*, et par conséquent m'exposer au mépris et à la haine des citoyens, suivant l'article 367.

Me signaler comme un *révolutionnaire, successeur de l'affreux Marat*, c'est m'imputer un fait qui, par sa nature, me rendrait un homme tellement dangereux pour mon pays, que mes concitoyens devraient s'empresser de demander ma déportation, suivant l'article 371.

Invoquera-t-on en faveur de mon accusateur le deuxième paragraphe de l'art. 367 (qui n'est pas mentionné dans le jugement)? le tribunal ne s'en est pas appuyé pour juger. Il est ainsi conçu :

La présente disposition n'est point applicable aux faits dont la loi autorise la publicité, ni à ceux que l'auteur de l'imputation était, par la nature de ses fonctions ou de ses devoirs, obligé de *révéler* ou de *réprimer*.

La loi n'autorise pas la publicité des faits que j'ai reprochés à M. Marchangy. Ce magistrat, par la nature de ses devoirs et de ses fonctions, n'était point obligé de les *révéler*.

Les révéler..... non-seulement je ne suis point un Marat, mais encore aucune action de ma vie ne fit apercevoir en moi le germe d'un penchant au maratisme. Jamais on ne m'a vu figurer dans des réunions, des tripots, assister à des conciliabules ; je n'affichai dans aucun temps l'esprit de parti Je fus, je suis, et serai toujours le même ; ami du bien et de mon pays, estimant les hommes estimables, méprisant ceux qui méritent de l'être.

Les faits *faux* qui m'ont été imputés si gratuitement, si charitablement, par M. l'avocat du Roi, n'étaient point de nature à être *réprimés* ; il ne s'agisait point de savoir si j'étais un révolutionnaire, le successeur de Marat ; si j'avais recueilli avec ses charges et ses bénéfices la succession de ce mandataire, de cet apôtre, qui ne reçut aucun mandat, aucune mission, pour persécuter des honnêtes gens et les conduire à l'échafaud, mais le fond de la question se réduisait à ce peu de mots, *l'ouvrage est-il séditieux ?*

La loi n'a pas prévu le cas de provocation

directe, ni celui où un magistrat abusant de la po-
sition d'un prévenu, lui imputerait des faits
mensongers, injurieux, outrageants, étrangers
à l'accusation *qu'il est obligé de porter par la
nature de ses fonctions.* Un magistrat après avoir
lancé à son gré, et sans mesure, des flèches empoisonnées contre l'honneur et la réputation d'un
prévenu, serait-il en droit de se soustraire aux
reproches en se retranchant dans l'inviolabilité
de son caractère public ? Les magistrats chargés
d'appliquer les lois et de protéger l'honneur des
citoyens contre les atteintes des passions, doi-
vent-ils se permettre d'enfreindre ces mêmes
lois ? Les magistrats ne sont-ils pas soumis aux
devoirs que leur imposent les lois de leur
pays.

Serait-il permis à un ministère public de dire :
l'individu qui est devant vous a assasiné son père
et sa mère, il n'a point été mis en jugement
faute de preuves ; si le citoyen offensé répon-
dait, vous m'injuriez, vous me calomniez ;
le magistrat serait-il autorisé à répliquer : taisez-
vous, j'ai le droit de tout dire.

Un principe aussi barbare serait-il en rapport
avec les progrès des lumières, de la raison, et
de la civilisation.

La loi ne s'expliquant point sur les provocations de la part des magistrats , j'ai recours à la troisième section , livre 3 , titre 2 du Code pénal.

Art. 321. Le meurtre, ainsi que les blessures et coups , sont excusables, s'ils ont été provoqués par des coups ou violences graves envers les personnes.

Art. 328. Il n'y a ni crime ni délit, lorsque l'homicide, les blessures et les coups étaient commandés par la nécessité actuelle de la *légitime défense* de soi-même ou d'autrui.

M. l'avocat du roi a attaqué violemment ma réputation et mon honneur; son réquisitoire publié dans les journaux a circulé dans les départemens ; j'ai dû répondre à des écrits imprimés , par un écrit imprimé , afin de porter à l'extrémité du royaume , l'antidote du poison que le réquisitoire répandait sur ma réputation , et pour publier le désaveu formel de l'héritage du scélérat Marat, dont le ministère public m'avait si généreusement et si imprudemment gratifié. Si M. l'avocat du roi, en se renfermant dans les bornes tracées par ses devoirs, ne m'avait point injurié, je me serais abstenu d'écrire mon P. S. je ne puis être passible de ses fautes.

Reprochant à M. Marchangy de m'avoir injurié et diffamé , pourquoi le tribunal n'a-t-il pas appliqué l'article 372 ; « lorsque les faits impu» tés seront punissables suivant la loi, et que

» l'auteur de l'imputation les aura dénoncés ,
» il sera durant l'instruction sur ces faits sursis
» à la poursuite et au jugement du délit de ca-
» lomnie.

Pendant les débats , il n'a été nullement fait mention de mes prétendues calomnies. On ne m'a *imputé aucun fait précis*. Au lieu d'avoir recours aux articles insérés dans le jugement, le tribunal devait appliquer l'article 375.

Art. 375. Quant aux injures, ou aux expressions outrageantes, qui ne renfermeraient *l'imputation d'aucun fait précis*, mais celle d'un *vice déterminé*, si elles ont été proférées dans des lieux publics, ou insérés dans des écrits imprimés ou non, qui auraient été répandus et distribués; la peine sera d'une amende de 16 francs à 500 francs.

L'art. 377 autorisait le tribunal à prononcer la suppression des injures et des calomnies ; mais aucun article du Code ne lui accordait la faculté de *prononcer une peine* , lorsqu'aucun débat , aucune *contestation* ne s'étaient élevés sur le fait de calomnie *qui reste encore à prouver.*

M'observera-t-on que les juges n'ont prononcé aucune peine relative à l'incident, que la condamnation ne porte que sur le délit de sédition? Je répondrai que 4 *articles* concernant l'incident, sont relatés dans le jugement, et que l'art. 371 *prescrit la peine*; donc la condamnation concerne à la fois la sédition et la calomnie.

J'ajouterai une réflexion digne de fixer l'attention du lecteur. M. l'avocat du Roi, après m'avoir signalé comme le successeur de l'affreux Marat, s'est borné à conclure à trois mois d'emprisonnement, trois mille francs d'amende. Le jugement porte *un an* d'emprisonnement, quatre mille francs d'amende, cinq années de surveillance, et la privation des droits mentionnés dans les 4 premiers numéros de l'article 42 du Code pénal.

L'incident jugé sans instruction et *sans forme*, m'a donc valu neuf mois de plus, mille francs d'amende, cinq années de surveillance, etc. Les juges, j'en conviens, sont dépositaires du pouvoir discrétionnaire, accordé par la loi, mais il est néanmoins hors de doute que sans l'incident de la prétendue calomnie *non prouvée*, j'aurais été condamné, à trois mois, ainsi que M. Fiévée. Le ministère public a reproché à cet écrivain, d'avoir injurié *directement* le Roi, et je n'ai commis le délit qu'*indirectement*. Puisque M. Fiévée a injurié, *dit-on*, directement, j'étais donc moins coupable. Le délit une fois *bien prouvé*, le minimum de la peine devait m'être appliqué.

Par une singularité digne de remarque, un écrivain accusé d'avoir injurié et calomnié le

Roi, est condamné à trois mois d'emprisonnement ; et moi, accusé, d'avoir injurié et calomnié le ministère public, je suis condamné à
neuf mois d'emprisonnement, cinq années de
surveillance, à la privation de plusieurs droits
civils. Il résulterait du jugement, qu'un petit
avocat du Roi est au - dessus du Souverain, et
plus inviolable que le monarque lui-même.

D'après cet exposé, le tribunal a jugé la cause
incidente, sans instruction préalable. Les passages,
dits injurieux, dont fait mention le jugement,
n'ont point été proposés aux termes de l'art. 190
du Code d'instruction. Les débats n'ayant point
eu lieu, l'accusation n'ayant point été établie,
le tribunal ayant prononcé une peine conformément à l'art. 371, dont le texte est inséré dans
le jugement, les juges en faisant une fausse
application des articles du Code pénal, ayant
condamné sans entendre, je demande la cassation du jugement.

§ I V.

Du titre de la brochure.

L'un des considérans du jugement, porte que
le titre est séditieux.

Cette étrange assertion rappelle à ma mémoire que Rabelais fut soupçonné du crime de forfaiture, pour avoir écrit sur de petits papiers renfermant de la cendre et de la poussière, *poison pour le roi, poison pour la reine* : Rabelais était innocent de l'imputation.

Ici s'élève une importante question de politique. Peut-on condamner un ouvrage sur son titre ? Un titre peut-il être séditieux et renfermer un délit ?

. Les trois cas de sédition prévus et déterminés par la loi de novembre sont, injure et calomnie envers la personne du roi, désobéissance à la charte, et annonce ou propagation de nouvelles alarmantes.

Le titre d'un ouvrage présente-t-il un sens assez déterminé pour constituer les trois cas dans lesquels se rencontre le délit ? Je ne le pense pas. Le *cri des peuples* serait-il séditieux, ferait-il encourir une peine à l'auteur, si cette étiquette n'était que le poison de Rabelais ? Sur l'étiquette, le curé de Meudon aurait pu ajouter : *développez et condamnez* ; je pourrais ajouter aussi : *ouvrez, lisez, et jugez* avec réserve, vous vous convaincrez que mes papiers ainsi que ceux de Rabelais ne renferment point de poison pour le roi.

Ce titre séditieux a été inscrit *six fois* sur les

registres de la police ; (trois déclarations ; trois dépôts), il a été inséré deux fois dans le journal de la librairie ; la chambre des députés a agréé l'hommage de la brochure ; quatre ou cinq journaux en rendant compte de la séance ont annoncé tout entier *le titre sédi- tieux* ; les deux magistrats qui remplissent près des deux tribunaux de Paris les fonctions de ministère public , sont membres de la chambre des députés ; le titre séditieux n'a point éveillé leur attention et celle de MM. les avocats du roi , de MM. les juges d'instruction, des agens de l'autorité qui lisent *probablement* les journaux ; le titre n'est donc devenu sédi- tieux que depuis la saisie.

Cette imputation ne faisait point partie de l'instruction et de l'accusation : le reproche ne m'ayant point été adressé, je n'ai pu le réfuter ; et le prononcé du jugement a fait connaître au prévenu *pour la première fois* ce chef de pré- vention : ce jugement est-il légal ; peut-on con- damner sans entendre ?

Un autre considérant du jugement approuve tacitement le titre de la brochure intitulée , *le cri de la nation* , mentionné dans ce même jugement.

Rigoureusement parlant, le titre de ce se-

3 *

cond ouvrage serait plus séditieux que le titre du premier; l'un présente une idée plus vague, plus générale, l'autre peut être considéré comme le cri de la nation même, dont l'auteur fait partie; ce titre pourrait être interprété contre le monarque qui gouverne cette nation. *Lisez et jugez.*

§V.

De l'invalidité du jugement, en ce qui concerne la confiscation de la brochure.

Le jugement ordonne, *que la brochure demeurera confisquée et supprimée.*

Le tribunal s'est arrogé un droit qui ne lui est conféré par aucune loi : il ne peut s'étayer d'aucun article du Code pour valider sa décision.

Le jugement conformément à l'article 19 , ne fait aucune mention de l'art. de la loi qui autorise cette confiscation ; l'article 470 du code pénal, n'est applicable que par les tribunaux de police, et non par les tribunaux de première instance.

Art. 470. Les tribunaux de police pourront aussi, dans *les cas déterminés par la loi,* prononcer la confiscation, soit des choses saisies en *contravention,* soit des choses produites par la contravention des matières ou des instrumens qui ont servi ou étaient destinés à *la* commettre.

Il est évident, que la confiscation n'a lieu que relativement aux contraventions, et non pas relativement aux délits; voir, articles 472, 477, et 481.

L'article 286 du Code pénal, ordonne la *confiscation* des exemplaires saisis dans les cas de contravention à la formalité exigée par l'article 283, qui porte, que *tout écrit publié devra contenir les vrais noms et demeure de l'auteur ou de l'imprimeur.*

L'article 15 de la loi de 1814, dit *qu'il y a lieu à saisie et sequestre d'un ouvrage,* si chaque exemplaire ne porte pas le vrai nom et la vraie demeure de l'imprimeur; si l'imprimeur ne représente pas les récépissés de la déclaration et du dépôt; si l'ouvrage est déféré aux tribunaux.

Dans les deux premiers cas, il y a contravention aux formalités prescrites par la loi; la saisie a lieu, mais dans le troisième cas, la saisie n'est que provisoire, ordonnée comme précaution, afin qu'un ouvrage qui renfermerait des passages répréhensibles ne puisse pas circuler, en attendant que le tribunal ait prononcé; cette saisie, est en quelque sorte *un arrêt sur la circulation.*

Ce serait à tort, que l'on considérerait les

ouvrages comme *instrumens du délit* ; les parties répréhensibles seraient seules les instrumens : une brochure n'est point mise sous les yeux du prévenu à l'audience comme instrument, mais comme un objet qui renferme, ou la preuve testimoniale , ou l'instrument du délit ; en réduisant la question à sa plus simple expression , les caractères et les compositeurs sont les instrumens du délit , l'ouvrage en renferme la preuve.

La loi de juillet 1793 , consacre le droit de propriété des auteurs , cette propriété est sous la sauve-garde de la loi fondamentale , qui déclare la propriété inviolable ; toute propriété étant acquise par héritage, par donations ou par l'exercice de l'industrie , les tribunaux ne doivent porter aucune atteinte à celle des auteurs, dont ils sont les protecteurs.

En établissant la censure préalable, la loi de 1810 respecta cette propriété ; elle n'ordonna la confiscation que dans un cas précis. Les tribunaux prétendraient-ils professer une doctrine plus inquisitoriale que la censure préalable pendant l'impression , et quand on nous assure que nous jouissons de la liberté de la presse , voudrait-on forcer les écrivains à préférer aux *in-conveniens* anti-sociaux de cette prétendue *li-*

berté, les *avantages* incontestables de *l'escla-*
vage de l'inquisition? . . .

Article 16 de la loi de 5 février 1810. « Sur
» le rapport du censeur le directeur général
» pourra indiquer à l'auteur les changemens ou
» suppressions jugées convenables , *et sur son*
» *refus de les faire* , défendre la vente de l'ou-
» vrage, rompre les formes et saisir les feuilles ou
» exemplaires déjà imprimés.

» 17 En cas de réclamation de l'auteur elle
» sera adressée au ministre de l'intérieur , et
» et il sera procédé *à un nouvel examen.*

» 18 Un *nouveau* censeur en sera chargé;
» il rendra compte au directeur général lequel
» assisté *du nombre des censeurs* ˎqu'il jugera
» à propos de s'adjoindre décidera définitive-
» ment.

L'examen , d'après les dispositions de ces
trois articles, offrait évidemment aux écrivains
une double garantie : 1°. ils n'étaient point cités
comme séditieux devant les tribunaux , et condamnés comme tels sur des preuves aussi dou-
teuses que celles qui résultent du fameux système
de *l'interprétation* des phrases isolées , qui peut
changer , en quelques minutes , l'homme le
plus innocent, le mieux intentionné , en écri-

vain séditieux et coupable, (j'ai eu occasion de le démontrer) ; 2°. l'auteur jouissait de son droit de propriété, la loi fondamentale était par conséquent respectée , ainsi que la liberté individuelle.

L'ouvrage subissait une censure sévère , un examen médité et une révision en quelque sorte protectrice , sauf l'effet de l'influence de quelques intérêts privés.

Aujourd'hui les tribunaux sont érigés en juridictions de censure ; un exemplaire de l'ouvrage n'est point remis à chaque juge qui n'aurait peut-être pas le temps de le lire. Le ministère public se borne à extraire quelques phrases isolées , qu'il interprète selon son opinion particulière ; il présente le fond de l'accusation ; les tribunaux jugent sur ce fond , bien ou mal établi.

Si le ministère public ne lit pas l'écrit , il ignore dans quel esprit , dans quelle intention , dans quel but il a été rédigé. Ainsi que je l'ai remarqué, par ce moyen ingénieux, Fénélon et Montesquieu seraient à coup sûr condamnés.

Sous le règne de l'inquisition, nos lois respectaient la propriété des auteurs, et leur droit positif de publier leurs opinions , en tant qu'ils n'abusaient pas ou qu'ils cessaient d'abuser de cette liberté.

*Dans ma *médecine politique* je n'ai pas abusé de la liberté en disant *nous avons un bon Roi, de bonnes lois fondamentales* etc. ; si trois ou quatre phrasesde cette brochure avaient été réputées séditieuses, le jugement en condamnant, en supprimant l'ouvrage, eût été séditieux aux termes de la loi novembre ; on aurait pu l'interpréter ainsi : attendu que la brochure renferme des passages séditieux dans certaines parties ; attendu que dans d'autres , l'auteur dit que *nous avons un bon Roi, de bonnes lois fondamentales*, etc. ; nous condamnons et confisquons la brochure , afin que l'auteur ne puisse pas publier *ses opinions* , en usant du droit accordé par la charte.

On peut donner au jugement du Cri des peuples la même interprétation. Je revendique le droit de publier que je ne veux pas détruire et renverser le gouvernement, pag. 150 ; qu'ils sont passés ces jours d'horreur, (1793) ; ils ne reviendront plus, pag. 149 ; qu'il ne faut pas répéter avec les révolutionnaires, conspirons la perte des rois, pag. 148 ; qu'il faut protéger l'innocent, secourir son frère malheureux, respecter la propriété d'autrui, ne pas opprimer son semblable, pag. 23 ; que le monarque est un habile architecte, un médecin instruit, un bon pilote, pag. 14.

En m'enlevant ma propriété et la jouissance du droit de publier mes opinions , en tant que je n'ai pas abusé de cette liberté , les tribunaux organes des lois, s'éleveraient au-dessus des lois fondamentales, et s'arrogeraient des droits dont aucune puissance , aucune loi, ne les investit.

Les tribunaux, en rendant leur jugement, se sont mis en contradiction avec eux-mêmes ; ils ont condamné les pages 89 , 90 , 91 , 92 , 93 qui traitent de la disette et de la misère publique; ils ont approuvé *par le même jugement*, les pages 30 , 31 , 32 , 33 , 34 , 35 , du *Cri de la nation* , qui traitent de la même matière , d'une manière plus étendue. Comment expliquer ce mystère ?

Il n'est permis à la justice d'employer qu'un seul et même poids. En mettant dans sa balance deux sortes de poids , elle est en contravention aux lois.

Ces erreurs, cette marche mal assurée des tribunaux , sont d'autant plus dangereuses pour la liberté publique,qu'il est impossible aux auteurs *d'éviter le délit* que plus tard on leur impute. Tel auteur publiera des opinions qui ne seront point réprouvées , tel autre publiera les mêmes idées et selon le bon plaisir de l'autorité , l'ou-

vrage sera saisi , et le droit de propriété
violé.

Exemple : les pag. 87 et 88 de ma brochure
renferment 22 lignes extraites de trois autres
ouvrages que j'ai publiés il y a *un an et demi ,*
ces ouvrages ne sont pas séditieux , les journaux
en ont rendu compte ; et le jugement les désigne
comme répréhensibles ; les tribunaux ne pouvaient ignorer que ces phrases ne sont que des
citations , puisque des notes au bas de la page
en indiquent la source (en toutes lettres).

Un considérant du jugement est ainsi exprimé :
» Attendu que le *supplément* à la brochure inti-
» tulée le *Cri de la nation,* contient, pages 169,
» 170, 171, 172 et 173, des PASSAGES inju-
» rieux , etc. , etc. ; le tribunal supprime égale-
» ment le SUPPLÉMENT *ci-dessus énoncé* , etc. »

Remarquez que suivant le dispositif, le *supplément* contient, pages, etc., des *passages*
injurieux ; que ces cinq pages forment dans le
supplément une partie tout à fait *distincte ,* puisqu'elles composent le *postscriptum;* que ce *post-
scriptum* ne renferme que des *passages* injurieux, mais qu'il n'est pas désigné comme étant
totalement injurieux , et que les passages n'ont
point été cités à l'audience, ainsi que je l'ai déjà
observé.

Le supplément, terminé par un *postscriptum*, est étranger à M. l'avocat du Roi. Si un pareil jugement devenait exécutoire, le ministère public serait autorisé à faire supprimer le supplément qui ne présente aucune espèce de délit, puisque le délit est spécialement désigné dans quelques passages du *postscriptum* (sauf la preuve) : par conséquent, je serais privé de la faculté de publier mon supplément, tel qu'il est joint à la brochure. L'action publique, les débats, l'incident n'ayant nullement attaqué le supplément, le tribunal est tombé dans une grave erreur, en ordonnant la suppression de ce supplément, qu'il n'était pas plus en droit de supprimer que la brochure elle - même non saisie.

Je conteste la suppression du supplément ; je revendique cette propriété, que l'on ne pourrait m'enlever qu'en vertu d'un jugement prononcé d'après une instruction et une action légales.

Or, le supplément, je le répète, ne fait aucune mention de M. l'avocat du Roi. Il ne peut faire partie de l'incident.

Me référant aux puissantes considérations que je viens d'exposer, je conclus que les formes prescrites par les lois n'ont point été observées ;

qne l'autorité judiciaire est incompétente pour me priver de la jouissance de ma propriété ; que le tribunal s'est arrogé des droits dont il n'est point investi légalement ; que le pouvoir discrétionnaire est sans effet et non avenu dans les cas précités ; qu'en supposant la cause incidente instruite, conformément à la loi, l'article 377 était uniquement applicable au *post-scriptum* ; que c'est à tort que le tribunal a ordonné la confiscation de la brochure, le Cri des peuples, sans s'appuyer d'un texte de loi, conformément à l'article 195 du Code d'instruction. *Je demande par conséquent la cassation du jugement*

§. V I.

L'action judiciaire n'est pas indépendante de l'action de l'autorité administrative.

Le ministère public, dans son réquisitoire, a prétendu *que l'action judiciaire est indépendante de la police.*

L'action judiciaire se manifeste par la saisie faite par l'ordre du procureur du Roi.

L'article 15 de la loi de 1814 exprime d'une manière précise *qu'il n'y a lieu à saisie* que dans les cas suivans, 1°. si l'imprimeur ne représente pas les récépissisés de la déclaration et du dépôt ; 2°. si chaque exemplaire ne porte pas le vrai nom et la vraie demeure de l'imprimeur (seule formalité prescrite par le Code, qui autorise la saisie pour cause de contravention, sauf restitution dans les cas désignés) ; 3°. enfin, *si l'ouvrage est* DÉFÉRÉ *aux tribunaux pour son contenu.*

Les tribunaux ne jugent que d'après l'instruction. L'instruction est la conséquence de la saisie, et conformément au texte de la loi, la *saisie* ne peut avoir lieu que dans le cas où l'ouvrage est déféré.

Le déféré qui précéde la saisie n'est que le résultat de l'examen ou de la censure de l'ouvrage ; le jugement porté sur l'ouvrage détermine l'autorité à le déférer ou à permettre sa publication.

Avant la publication des lois de 1810 et 1814, qui exigent la déclaration et le dépôt, la presse, entièrement libre, était régie par la loi de germinal, qui assujétissait uniquement l'imprimeur à indiquer sur un feuillet de l'ouvrage son nom et sa demeure, ou le nom et la demeure de l'auteur.

La presse alors, tout à fait *indépendante* de l'autorité administrative, ne dépendait pas de l'autorité judiciaire ; mais les délits dont elle est l'instrument étaient ainsi que tous les autres délits immédiatement placés sous l'action publique.

Le décret du 5 février 1810 enleva à la presse sa liberté, en plaçant l'imprimerie et la librairie sous la surveillance d'une direction générale. La censure préalable pendant l'impression fut établie. La déclaration de l'imprimeur avant l'impression, le dépôt après l'impression, furent ordonnés et d'autres formalités prescrites.

L'action judiciaire, paralysée par la censure préalable, agissait concurremment avec l'action administrative dans les cas de contraventions, dans lesquels se trouvaient les imprimeurs qui ne remplissant aucunes formalités, pouvaient, au moyen de cette infraction aux lois, faire circuler des écrits imprimés à l'insu de l'autorité instituée pour prévenir le délit et empêcher qu'il se commît.

La presse est encore aujourd'hui sous la surveillance de l'autorité administrative, l'action de l'autorité a acquis toutes ses forces aux dépens de l'action judiciaire.

Pourquoi exige-t-on des imprimeurs qu'il aient un livre coté et paraphé ? Pourquoi la loi ordonne-t-elle la déclaration et le dépôt ? C'est afin que l'autorité ait en son pouvoir tous les moyens de prévenir ou de reconnaître promptement le délit.

Le législateur, en créant la loi, est dirigé par un motif, et se propose d'atteindre un but ; tel est l'esprit des lois.

Un vol est commis et constaté le même jour, par l'officier public, sur la déclaration du plaignant, mais l'auteur du vol reste inconnu. Si, long-temps après cette époque, le ministère public découvre l'auteur du vol, il exerce sur lui son action, qui ne s'arrête qu'au terme de prescription fixé par la loi.

Il n'en est pas de même des délits de la presse ; notre législation atteste que depuis un grand nombre d'années (germinal an 4) il est expressément enjoint aux auteurs et aux imprimeurs d'indiquer le nom et la demeure de l'un ou de l'autre, sur l'écrit quelconque imprimé.

Au moment où le délit est constaté, l'auteur est connu, l'imprimeur est responsable du délit s'il n'indique pas l'auteur anonyme de l'écrit publié. Lorsque la formalité n'est pas remplie,

il en résulte contravention à la loi, et délit, présenté par le caractère de l'ouvrage.

La loi de germinal conservait néanmoins à la
presse sa liberté. L'autorité n'étant point avertie
de la mise en vente d'un ouvrage répréhensible,
cet écrit pouvant circuler pendant un temps in-
déterminé, le délit était ainsi que tous les autres
délits, dans le cas prévu par l'art. 638 du Code
d'instruction.

Le gouvernement était indubitablement pé-
netré de cette vérité, lorsqu'il rédigea le dernier
projet de la loi rejeté, en proposant art. 25,
*que l'action publique, S'IL N'Y AVAIT PAS EU
DE DÉPÔT, se prescrirait après le terme fixé*
par le Code d'instruction; mais il s'est écarté de
l'esprit des lois, en prescrivant par le même
article l'action publique après un an révolu. Il
est naturel de conclure que les rédacteurs du
projet de loi, ont reconnu que les lois existantes
atténuaient à l'égard des délits de la presse, la
vigueur de l'article 638, conformément à l'article 643.

Si notre législation actuelle paralyse l'art. 638,
l'action publique peut-elle avoir lieu *isolément,*
relativement aux délits de la presse? Non, puisqu'elle est dépendante de l'autorité.

Les ouvrages déférés aux tribunaux, étant

4

saisis au moment du dépôt, par résultat de l'examen, avant ou immédiatement après la délivrance du récépissé, tels que *l'état de la liberté, le rappel des bannis, la correspondance politique*, sont : 1°. déposés entre les mains de l'autorité administrative ; 2°. examinés et jugés par elle ; 3°. déférés par elle au ministère public, au nom et par ordre duquel l'officier public procède à la saisie.

Le ministère public exerçant son action sur des ouvrages non-publiés, et dont la circulation est arrêtée par la saisie, à la sortie de l'imprimerie, ne peut avoir connaissance de l'existence de ces ouvrages, inconnus du public, uniquement connus de l'autorité surveillante, instituée par la loi, par l'effet de l'exécution des formalités remplies par l'auteur ou l'imprimeur, conformément aux lois.

Les imprimeurs, les libraires, les écrivains régis par les lois existantes, soumis à des formalités, à des devoirs qu'ils n'étaient pas obligés de remplir, lorsqu'aucune loi ne restreignait la loi fondamentale, ne trouveraient donc aujourd'hui, en échange de ces formalités, de ces devoirs, qui leur sont imposés par les lois, aucuns avantages, aucunes garanties, et la société toute entière, aucune mesure d'utilité publique.

En créant cette institution , le législateur n'aurait eu d'autre intention que celle d'embrouiller la jurisprudence , de surcharger la mémoire des légistes , et de prescrire des formalités , des mesures vaines et illusoires.

Ne nous y trompons pas. Quelque vicieuse, quelque confuse que soit notre législation politique , chaque loi atteint un but d'utilité plus ou moins précaire , plus ou moins plausible , plus ou moins contesté.

Les individus que la loi concerne voient leur garantie d'autant plus compromise , leur sûreté et leur libertés d'autant plus menacées , que les exécuteurs de la loi l'interprètent faussement , méconnaissent son objet et s'écartent de son esprit , ou ne font point coïncider toutes les dispositions correlatives de la législation.

Lorsque les Français ont recouvré le droit de publier leurs opinions , droit qui dérive de la faculté de penser et d'agir , la loi fondamentale consacra le principe.

Les passions inhérentes à la nature humaine , et son imperfectibilité excitant quelquefois l'homme à abuser de la faculté naturelle d'agir , des lois civiles ont été promulguées pour prévenir et réprimer l'abus de cette faculté. De même des lois politiques sont nécesaires pour

4 *

prévenir et repousser l'abus du droit d'écrire et de publier ses opinions.

Toute loi relative à la presse, autre que la loi fondamentalle, est donc rendue pour atteindre un but préventif, un but répressif. Tel est l'esprit dans lequel nous devons considérer les lois existantes.

Le législateur ayant établi une institution particulière, chargée de l'exécution des lois relatives, ayant placé spécialement et uniquement la surveillance de la presse dans ses attributions, a restreint la loi fondamentale qui ne prescrivant aucune restriction, ne reconnaît et n'autorise que les lois *qui punissent l'abus du droit qu'elle proclame.*

Les lois particulières, mettant à la disposition de cette institution des moyens restrictifs du droit positif, ont prévenu l'abus qui ne peut résulter que de la jouissance *du droit sans restriction.* L'abus commence là où finit la liberté légale, dont l'extension dégénère en licence.

La ligne de démarcation n'est point définie par nos Codes, par nos lois ; l'idéalisme, les opinions particulières reculent ou rapprochent plus ou moins cette transition.

Quel est l'esprit des lois provisoires en ordonnant la déclaration et le dépôt? Si la déclaration et le dépôt n'avaient aucun objet d'utilité, la loi qui prescrit ces formalités serait inutile.

Cette déclaration , ce dépôt sont exigés pour éviter le délit résultant de l'abus de la liberté. Ces formalités tracent en quelque sorte la ligne de démarcation. Chaque écrivain , en déposant ou faisant déposer cinq exemplaires de son ouvrage , est censé dire : examinez mon écrit imprimé; dites-moi, vous , autorité établie pour surveiller la presse, pour la régir, si j'ai franchi les limites qui séparent la liberté de la licence; ce que j'ai écrit est-il permis , est-il défendu ? En l'absence de la règle écrite , sans boussole , au milieu des immenses lacunes de notre législation , j'ai besoin d'un guide.

L'auteur n'est plus sous l'unique empire de la loi fondamentale; non-seulement il est régi par des lois restrictives auxquelles il se soumet; mais encore il avertit l'autorité qu'il *va* publier un ouvrage , et qu'en l'absence de la règle écrite, prenant ses opinions pour guide, il a composé un écrit dans lequel, suivant lui, il s'est arrêté à la ligne de démarcation, et que, par conséquent, en ne franchissant point les limites, il croit ne pas avoir abusé de l'exercice de la liberté. S'il se trompe, que l'autorité lui indique son erreur, pour ne pas afficher l'inutilité de son institution.

S'il en était autrement, de quelle utilité serait une institution entretenue à grands frais, puisque nous serions dans le même état dans lequel nous étions placés avant la création de cette institution, époque où le droit n'était point restreint par des entraves et des formalités ; cet ancien état de la presse serait donc regrettable aujourd'hui, puisqu'il n'offrait aucune entrave, et la législation actuelle ne présenterait aucuns avantages ?

On ne peut donc révoquer en doute que l'esprit dans lequel nos lois ont été conçues, ne tend qu'à prévenir l'abus, et à empêcher que le délit soit commis, ou tout au moins à le réprimer promptement, et à mettre l'autorité à portée de le punir aussitôt qu'il peut être commis.

Mais si le délit reste inconnu, nonobstant la publication ; si le mal se propage, n'en accusez pas l'écrivain, accusez l'insouciance de l'autorité, sa négligence, ou la fausse interprétation, ou l'inexécution qu'elle fait des lois qu'elle est chargée de faire exécuter.

La surveillance, la régie de la presse, les

moyens préventifs et de répression, ayant été confiés par la loi à une institution légalement établie, l'autorité est le moteur naturel qui communique l'action au corps judiciaire.

Prouver qu'un ouvrage circule librement, postérieurement à l'exécution des formalités légales préalables à la publication effective ; que l'autorité a vu, connu, examiné l'écrit au moment de la publication, c'est prouver *légalement* que l'action publique est impuissante sur cet écrit.

§. I V.

Loi fondamentale. Lois existantes sur la presse. Prescription.

L'article 8 de la charte a déclaré que tous les Français ont le droit de publier et de faire imprimer leurs opinions, en se conformant aux lois qui doivent réprimer les abus de cette liberté.

J'avais donc le droit, comme Français, de publier et de faire imprimer mes opinions. Quelles sont les lois qui doivent réprimer l'abus de ce droit, ou qui spécifient les cas d'abus ? Me citera-t-on la loi provisoire du 9 novembre 1815 ?

Cette loi ne caractérise d'une manière précise que les délits résultans de faits matériels.

Le délit n'est que le résultat de l'infraction des lois, la conséquence de l'abus d'un droit positif ou politique ; le Code d'instruction criminelle indique les voies de répression et les cas d'abus, qui néanmoins ne sont pas tous prévus.

Les diverses espèces de délits résultans de l'abus des droits civils sont déterminés par les 388 articles du livre 3 du Code pénal. Ces 388 articles sont autant de règles écrites qui établissent les cas de culpabilité qu'entraîne l'infraction de ces règles, de ces lois.

La loi du 21 octobre 1814, dont le titre 2 est seul exécutoire, en imposant des devoirs aux imprimeurs, aux libraires (par l'intermédiaire desquels la publication peut uniquement avoir lieu), est la manifestation évidente de l'intention du législateur, qui a voulu mettre entre les mains de l'autorité des moyens préventifs pour prévenir le délit, réprimer promptement l'abus, puisque toute loi est créée pour atteindre un but dans l'intérêt social.

Le Code a été décrété le 12 février 1810 ; la constitution de cette époque renfermait le droit public Français ; elle consacrait, ainsi que la charte, la liberté de la presse. Tout citoyen pouvait publier sa pensée, ses opinions.

Le Code d'instruction criminelle , décrété le 17 novembre 1808, fixa à trois années la durée de la prescription pour tous les délits en général de nature à être punis correctionnellement.

Les lois et décrets antérieurs à cette promulgation ne prescrivirent d'autres formalités à remplir que celles qui obligeaient les auteurs ou les imprimeurs à mettre leur vrai nom, leur vraie demeure sur l'écrit imprimé.

Le Code pénal prescrivit les mêmes devoirs aux auteurs ou imprimeurs. La loi n'assujétissait à aucune autre formalité préventive *de déclaration ou de dépôt*, l'autorité n'avait aucune connaissance de la publication. Il était important qu'elle eût en son pouvoir les moyens d'exercer promptement son action pour prévenir le mal qui pourrait résulter de la publication d'un écrit dangereux.

Dans un tel état de choses, l'article 638 du Code conservait toute sa vigueur relativement aux délits de la presse.

Mais en février 1810, époque de la promulgation du Code pénal, parut le décret qui, en restreignant l'usage du droit accordé par la loi fondamentale, paralysait l'action publique et l'article 638 , en ce qui concernait les délits de la presse.

Il est reconnu en fait , que pendant un grand nombre d'années , aucune affaire relative aux abus de l'exercice de la presse ne fut portée devant les tribunaux. La raison en est plausible. Le décret créant une direction de la librairie , lui conférait le droit de s'introduire dans les imprimeries et d'y exercer une censure préalable et préventive sur les *manuscrits*.

Cette inquisition cessa d'exister avec le gouvernement impérial. La loi de 1814, au tit. 1ᵉʳ., rétablit la censure préalable, et remit en vigueur les dispositions du décret qui n'avaient point été abrogés légalement. Les censeurs furent supprimés par l'effet des circonstances et du changement de gouvernement. L'ordonnance du 24 octobre nomma de nouveaux censeurs, savoir : vingt censeurs royaux ordinaires , et vingt-deux censeurs honoraires.

L'ordonnance ne fait aucune mention de leurs attributions. Cependant aucune ordonnance *n'a supprimé les* CENSEURS.

L'ordonnance du 20 juillet 1815 supprima la *censure préalable* exercée sur les écrits *pendant* et *avant* l'impression ; elle enleva au directeur-général (art. 1ᵉʳ.), ainsi qu'aux préfets, la faculté qui leur était accordée par les art. 3, 4 et 5 de la loi du 21 octobre 1814, de se faire communiquer *avant* et *pendant l'impression*, les écrits au-dessous de 20 feuilles.

L'article 2 de l'ordonnance porte *que toutes les autres dispositions de la loi du 21 octobre seront exécutées suivant leur forme et teneur.*

Enfin cette ordonnance, qui supprimait la *censure préalable* sur les manuscrits, *avant* ou *pendant* l'impression, *ne supprime point les censeurs* institués par celle du 24 octobre 1814.

L'action publique, ainsi que je l'ai remarqué, ne pouvait avoir lieu sur des écrits sur lesquels la direction exerçait une action particulière pendant l'impression.

L'article 12 du décret ordonnait à l'imprimeur de faire sa déclaration avant d'imprimer, et lui défendait de commencer l'impression, à moins qu'il n'eût entre les mains le récépissé de la déclaration.

L'article 48 du même décret enjoignait à l'imprimeur de déposer cinq exemplaires de chaque ouvrage à la préfecture de son département, ou à Paris, à la préfecture de police.

Tout ouvrage déclaré et déposé était hors de

l'atteinte de l'action publique, qui ne pouvait s'exercer que sur les ouvrages à l'égard desquels les formalités préventives n'avaient point été remplies, conformément aux dispositions de l'article 643 du Code d'instruction, ainsi conçu :

Art. 643. Les dispositions du présent chapitre ne dérogent point aux lois particulières relatives à la prescription des actions résultant de *certains* délits et de *certaines* contraventions.

La loi particulière, imposant la déclaration et le dépôt, centralisait dans les bureaux de la direction tous les ouvrages imprimés et fournissait à l'autorité les moyens sûrs de prévenir l'abus et la circulation. Le défaut de formalité, mettant l'imprimeur et l'auteur à portée d'éluder l'examen et la mesure préventive, enlevait à l'autorité les moyens d'arriver à la connaissance du fait. Dans cette hypothèse, un ouvrage pouvait circuler à son insu. Alors l'auteur et l'imprimeur se replaçaient d'eux-mêmes sous l'action publique, et se privaient du bénéfice de l'article 643, pour s'attirer la rigueur de l'art. 638.

Les mêmes lois régissent aujourd'hui les imprimeurs et les écrivains. La loi de 1814 exige la déclaration et le dépôt, par l'article 14, conformément aux articles 12 et 48 du décret.

L'ordonnance du 20 juillet supprimant la cen-

sure préalable sur les manuscrits , gardant le silence le plus absolu sur les censeurs créés par
l'ordonnance du 24 octobre , ne déroge point à
l'article 14 de la loi. Elle en maintient toutes les
dispositions, *qui seront exécutées suivant leur
forme et teneur.* L'article 14 de la loi de 1814
est ainsi conçu :

Art. 14. Nul imprimeur ne pourra imprimer un écrit avant
d'avoir déclaré qu'il se propose de l'imprimer, ni le mettre en
vente, ou le publier de quelque manière que ce soit, avant
d'avoir déposé le nombre prescrit d'exemplaires, savoir : à Paris,
au secrétariat de la direction générale, et dans les départemens,
au secrétariat de la préfecture.

L'article 4 de l'ordonnance du 24 octobre,
rendue trois jours après la promulgation de la
loi, prescrit le nombre d'exemplaires.

Article 4. « Le nombre d'exemplaires qui doi-
» vent être déposés , ainsi qu'il est dit au même
» article (14 de la loi), reste fixé à *cinq* , les-
» quels seront répartis ainsi qu'il suit : un pour
» notre bibliothèque , un pour le chancelier de
» France , un pour notre ministre-secrétaire
» d'état au département de l'intérieur, un pour
» le directeur-général de la librairie , et le cin-
» quième pour le CENSEUR *qui* aura été *ou* sera
» chargé d'*examiner l'ouvrage.* »

La censure préalable sur les manuscrits *pen-*

dant et avant l'impression n'existe plus; l'ordonnance qui la supprime, maintenant toutes les
dispositions de la loi, l'une de ces dispositions
exigeant le dépôt de quatre exemplaires, plus
*un cinquième exemplaire remis au censeur
qui a été ou sera chargé par le directeur, de
l'examen de l'ouvrage, EST EXÉCUTOIRE.*

Le plein et entier effet de l'exécution de ces
dispositions se trouve dans la vigilance de l'autorité qui saisit les ouvrages au moment du dépôt, ou immédiatement après, selon que l'a-
bondance des brochures retarde plus ou moins
l'examen.

La saisie n'est que la conséquence de l'examen ; il serait absurde de supposer le contraire.
Pour connaître si quelques ouvrages sont répréhensibles, il faut bien examiner tous les ouvrages, surtout ceux qui traitent de matières
politiques, puisque le cinquième exemplaire de
de chacun d'eux est destiné légalement à subir
l'examen du censeur chargé par l'autorité d'examiner l'ouvrage suivant le texte formel de
l'ordonnance.

Il existe à la direction de la librairie, un
bureau dans les attributions duquel se trouve
l'examen des écrits imprimés (1)

____

(1) Voyez l'Almanach royal.

Le récépissé du dépôt renferme donc ce sens : « J'ai reçu de M....., cinq exemplaires d'une brochure , ouvrage etc. intitulé etc. aux termes de la loi d'octobre 1814 , et de l'ordonnance du même mois , je remettrai le premier exemplaire au chancelier de France , (1) le second, au ministre de l'intérieur , le troisième , au directeur général , le quatrième , à la bibliothèque royale, et le *cinquième*, au CENSEUR , *qui sera chargé ou a été chargé* (après la déclaration du titre , faite par l'imprimeur) d'examiner l'ouvrage déclaré.

M'objectera-t-on , que les censeurs ne furent nommés que pour exercer la censure , *pendant ou avant l'impression* ; que cette censure n'ayant plus lieu , les censeurs ont cessé leur fonctions ; je répéterai que l'ordonnance qui supprime *UNIQUEMENT la censure préalable* faite avant le dépôt , ordonne que toutes les autres dispositions de la loi seront exécutoires ; que la loi de 1814, exige le dépôt des exemplaires ; que le nombre des exemplaires n'est fixé à cinq que par l'ordonnance du même mois, que l'article quatre destine le *cinquième au censeur.*

---

(1) Actuellement au ministre de la police, conformément à l'ordonnance du 24 mars 1815.

J'ajouterai , que la loi de 1814 , (articles 3 et 4) , autorisait le directeur et les préfets à se faire communiquer les écrits au-dessous de vingt feuilles , *selon les circonstances et avant l'impression* , qu'elle enjoignait au directeur de faire examiner les écrits *dont il aura requis la communication* , que par conséquent la censure préalable n'avait lieu que par l'exercice de ce droit facultatif ; que l'imprimeur ayant fait sa déclaration , pouvait imprimer librement et qu'il n'était pas obligé de soumettre l'écrit à l'examen préalable pendant l'impression , règle générale , à moins que par une mesure particulière , ou par ordre du directeur , il fût *requis* d'en faire la communication : tous les ouvrages qui n'étaient pas censurés préalablement , *antérieurement au dépôt* se trouvaient dans la même catégorie que ceux publiés depuis la suppression de la censure préalable exercée pendant *l'impression* , (avant le dépôt).

La loi ordonnait le dépôt des ouvrages dont le directeur n'avait pas *requis la communication PENDANT L'IMPRESSION*; ces écrits non censurés préalablement , étant dans le même cas *que ceux imprimés aujourd'hui* , le cinquième exemplaire était remis au censeur chargé d'examiner l'ouvrage.

Le cinquième exemplaire des ouvrages et brochures déposés depuis la suppression de la censure préalable des manuscrits *pendant l'impression*, étant remis au censeur, la censure avait lieu sur les ouvrages non censurés, avant le dépôt, au moment du dépôt.

Le cinquième exemplaire déposé aujourd'hui comme en 1816 et 1817, étant selon le texte de la loi destiné au censeur, il faut en conclure qu'au moment du dépôt l'examen avait lieu sur les ouvrages non censurés pendant l'impression, qu'elle a lieu légalement sur les ouvrages déposés, et particulièrement sur le *cinquième* exemplaire, puisque les mêmes lois régissent encore les imprimeurs, les libraires, et les écrivains.

Il fallait bien que les ouvrages même censurés pendant l'impression fussent examinés au moment du dépôt, et qu'un exemplaire fût remis au censeur ; ainsi le voulait la loi, afin que l'autorité s'assurât, si l'auteur ou l'imprimeur n'avait point introduit dans les feuilles réunies en corps d'ouvrages et de brochure, des passages et des pages répréhensibles : cette fraude était sagement prévue par l'examen du cinqième exemplaire *après l'impression*.

La suppression de la censure préalable *pen-*

dant l'impression, *avant* le dépôt, n'enlève aux censeurs qu'une partie de leurs attributions, mais l'ordonnance leur conserve tacitement la censure *après* l'impression, au moment de la remise du cinquième exemplaire qui leur est *légalement* destiné : en principe, toutes les dispositions d'une loi non abrogée par une autre loi, sont exécutoires ; tout citoyen est habile à en réclamer le bénéfice.

Le récépissé des cinq exemplaires étant une permission de vente, (loi de 1814, article 15 et 16), de même que le récépissé de la déclaration était et est une permission d'imprimer, le dépôt fut exigé, afin que tous les ouvrages censurés ou non-censurés *préalablement au dépôt*, pendant l'impression, fussent examinés au moment du dépôt, avant la publication qui mettrait en circulation un ouvrage répréhensible ; c'est pour prévenir l'abus et le délit, que la déclaration et le dépôt furent exigés comme moyens préventifs, pour atteindre un but indiqué par la prévoyance, la censure : tel est le motif, l'esprit de la loi, puisque toute loi est créée pour atteindre un but ; le législateur en la créant est dirigé par un motif.

J'ai déposé *trois fois CINQ* exemplaires, le *cinquième* exemplaire de chaque édition à été déposé pour être remis au censeur, que je savais devoir être chargé de l'examen de l'ouvrage ; obligation réciproque imposée par la loi à l'auteur et à l'autorité : le récépissé du dépôt de la deuxième édition , mot-à-mot conforme à la première , et le récépissé de la troisième , sont deux certificats de la censure , de l'examen du cinquième exemplaire de la première édition; la première édition n'étant pas saisissable, la troisième imprimée sans corrections , ni additions , était hors de l'atteinte de l'action publique ; ma garantie est *légale* , puisqu'elle se trouve dans les devoirs imposés par la loi ; notre législation actuelle m'offre une double garantie : je m'explique.

Le *cri des peuples* a été annoncé dans le journal de la librairie du samedi, 8 novembre 1817 , sous le numéro 3492 , le titre y est inséré tout au long (adressé au Roi , aux ministres, etc.), fait qu'il est facile de vérifier.

Mon *cri des auteurs* fut annoncé sous le numéro 3857. Au dessous de cette annonce se trouva une *double* annonce du *cri des peuples*, avec indication de numéro. Ma brochure a donc été annoncée DEUX FOIS dans le journal *officiel* de la librairie.

L'art. 12 de l'ordonnance du 24 octobre 1814,

supplétive de la loi du 21, défend *à tous auteurs et éditeurs de journaux, etc.*, *d'annoncer aucun ouvrage, si ce n'est après qu'il a été annoncé* dans le journal de la librairie, *conformément* aux dispositions de l'art. 3 du décret du 14 octobre 1811, et de l'arrêt du conseil du 16 avril 1785.

Tout ouvrage annoncé dans ce journal est donc connu de l'autorité, après le dépôt, après la remise du cinquième exemplaire, faite au censeur. L'autorité ne permettrait pas l'annouce d'une brochure répréhensible, qui pourrait se répandre très-promptement par l'intermédiaire et le secours des feuilles publiques ; ce cas a été prévu par la défense conditionnelle portée en l'art. 12.

L'ordonnance confirme le décret du 14 octobre 1811, qui autorise la publication de ce journal. Le préambule de ce décret exprime ainsi la la pensée, l'intention du législateur, son motif et son but.

« Voulant prévenir plus efficacement que par
» le passé, la publicité des ouvrages PROHI-
» BÉS ou NON PERMIS, donner aux libraires
» les moyens de distinguer les livres DÉFEN-
» DUS de ceux dont le débit est AUTORISÉ,

» et empêcher qu'ils soient INQUIÉTÉS pour
» raison de la *vente* de ces *derniers* ouvrages
» (prohibés et non permis), nous avons décrété,
» art. 1ᵉʳ. La direction générale de l'imprimerie
» et de la librairie est AUTORISÉE a publier un
» journal dans lequel seront annoncés, etc., etc. »

L'art. 2 affecte les fonds provenant des abonnemens à ce journal officiel, RÉDIGÉ PAR L'AUTORITÉ ELLE-MÊME aux dépenses de la direction.

L'art. 3 (et dernier), porte la défense que prescrit l'art. 12 de l'ordonnance que j'ai citée ci-dessus.

Le journal *officiel* de la librairie , rédigé LÉGALEMENT *par l'autorité ,* n'a été autorisé et publié, et n'est publié encore aujourd'hui, conformément au décret , qu'afin de prévenir la publicité des ouvrages PROHIBÉS ou NON-PERMIS , *pour établir une distinction entre les livres* DÉFENDUS *et ceux* AUTORISÉS ; termes précis de la loi ; de sorte que les libraires sont autorisés par la loi même , à vendre, sans craindre d'être INQUIÉTÉS et SAISIS, tous les ouvrages annoncés dans ce journal. Leur garantie est dans la loi.

Mais un libraire étant *autorisé* par la loi à

vendre et publier un ouvrage *non prohibé, permis*, et dont la publication est AUTORISÉE *par un acte authentique, légal, validé* par la loi, les libraires ne pouvant être *inquiétés* par la saisie de leur propriété acquise *légalement*, L'AUTEUR de l'ouvrage *non prohibé*, dont *la publication* est permise aux libraires, ne peut être *inquiété* à l'occasion de cette *publication* AUTORISÉE LÉGALEMENT *dans toutes les formes prescrites par la loi.*

Des infractions faites aux lois par l'autorité, ne peseraient pas sur la responsabilité de l'auteur, mais sur celle de l'autorité responsable de ses actes, envers le gouvernement et son chef ; elles ne pourraient prévaloir contre la *garantie légale*, qu'un auteur trouve dans la protection des lois, dont les dispositions ont été observées à son égard, et dans l'observance desquelles il trouve sa sûreté.

Les lois de 1810, 1811 et 1814, par conséquent postérieures à la promulgation du Code, sont dérogatoires à l'art. 638, en ce qui concerne les délits de la presse.

Trois déclarations, trois dépôts, la remise de trois exemplaires, formant le cinquième de chaque dépôt ; l'insertion de la brochure, dans le journal officiel de la librairie, rédigé par l'autorité ; l'annonce du *cris des peuples*, mis au nombre des ouvrages non PROHIBÉS, AUTORISÉS et PERMIS, conformément à la loi, sont des actes *légaux* et *valides* corroborés par le bénéfice de l'art. 643.

L'action publique étant impuissante sur le *cri des peuples*, la saisie étant *illégale*, la prescription *légale*, tirée de l'état actuel de notre législation politique de la presse, étant ma garantie, les tribunaux étant par conséquent INCOMPÉTENS, *je demande la cassation du jugement.*

RÉSUMÉ.

D'après l'état actuel de notre législation de la presse, la loi de *novembre* ne m'est point applicable ; cette loi n'étant qu'une loi pénale, qui ne détruit point l'effet des autres lois, et ne soustrait point les écrivains à leur exécution.

Les juges ne pouvaient se permettre d'insérer dans le dispositif du jugement *que le titre de la brochure est séditieux.* Ce chef d'accusation n'ayant point été mentionné dans l'instruction, et proposé par la partie publique, le prévenu n'a pu jouir du droit accordé par la loi, de faire entendre sa défense sur ce chef, qui n'est parvenu à sa connaissance qu'au moment où le jugement a été prononcé.

Le tribunal a confisqué l'ouvrage ; aucune loi existante ne l'y autorise. En jugeant le *Cri des peuples* et le *Cri de la nation*, qui, selon son opinion, renfermaient un délit, il a établi deux jurisprudences différentes, qui détruisent les lois fondamentales.

La jonction de l'incident au fond est illégale. Les formes n'ont point été remplies, au mépris des articles 190, 195 et 408 du Code d'instruction.

Le tribunal a jugé sans avoir entendu. Il a aggravé la peine, en invoquant l'art. 371 inséré dans le jugement. Les art. 367 et 368 n'ont point été appliqués en résultat des débats d'une instruction spéciale et légale.

L'action judiciaire est dépendante de l'autorité administrative relativement à la presse. L'ouvrage publié dans les journaux était connu du ministère public, *au nom duquel la saisie a* été faite. Le silence des autorités administrative et judiciaire est une approbation tacite qui paralyse leur action. Le délit n'existait donc pas.

L'auteur pouvait publier sans crainte, après avoir vu son ouvrage inséré dans le Journal *officiel* de la librairie. La sédition n'a été que le prétexte de la saisie.

Le procès-verbal de la saisie d'une brochure est l'équivalent du procès-verbal dressé par l'officier public pour constater un crime ou un délit qui vient d'être commis. Si l'auteur du délit reste inconnu, le ministère public exerce encore son action pendant le temps déterminé par le Code.

Le procès-verbal précède indéfiniment l'exercice de l'autorité judiciaire. Il n'existe point d'action publique lorsque l'auteur et l'imprimeur obéissent aux lois; cette action ne peut être exercée que dans le cas de contravention.

Tout délit est commis volontairement ou matériellement dans une intention plus ou moins coupable (hors les cas d'accidens). Les délits de la presse peuvent être commis sans intention. La publication d'un ouvrage, à l'égard duquel les lois sont exécutées, ne constitue pas le délit. L'action judiciaire le fait naître. Le délit n'est point constant et matériel.

L'action publique n'a pour objet que *l'auteur* d'un délit constaté antérieurement à la poursuite;

en matière de la presse , l'action publique ne doit être exercée aux termes de l'article 638, que sur *l'auteur* qui se soustrait à la poursuite , ou qui garde l'anonyme où dont l'existence est inconnue ; la réserve de cette action a lieu *à dater* du jour où le délit est constaté par le procès-verbal , conformément aux deux paragraphes de l'article 137.

L'auteur d'un écrit imprimé est toujours connu , lorsque les lois existantes sont exécutées par lui : s'il se soustrait aux poursuites, l'imprimeur devient responsable du délit ; si l'auteur ne se soustrait pas , l'action publique est paralysée par l'exécution des lois existantes.

L'action publique ne concerne donc que l'auteur d'un délit antérieurement constaté. Nos lois n'établissent pas le délit dans la publication , lorsque l'auteur couvre *ostensiblement* de son nom le prétendu délit.

La prescription aux termes de la loi , ne concerne donc que les auteurs d'un délit commis par la voie de la presse. Peut-elle être exercée sur l'ouvrage qui présente le délit bien ou mal établi , et que l'erreur peut constater ?

L'action publique est-elle puissante sur un ouvrage publié authentiqnement, trois fois déclaré , trois fois déposé , avec le nom de l'auteur, à l'égard duquel toutes les dispositions des lois existantes ont été exécutées *sans exception.*

L'action publique n'atteignant que *l'auteur* du délit, l'autorité judiciaire ne peut poursuivre un écrivain dont le délit n'a jamais été constaté. Elle est inhabile à invoquer la latitude de la prescription que lui donne l'article 638 pour poursuivre le délit, en attaquant l'auteur , puisque l'article 638 lui conserve le droit d'exercer pendant trois ans à dater du moment où le délit a été constaté, son action *sur l'auteur* du délit constaté antérieurement; c'est à tort qu'elle s'appuie de cet article pour poursuivre la brochure par conséquent le délit.

Toutes les dispositions des lois ayant été exécutées, mon nom figurant en toutes lettres sur le titre, sur les registres de la librairie, sur les bulletins et récépissés, je trouve ma garantie dans l'exécution des lois de 1810, 1811, 1814. Toute garantie *légale* est une sauve garde contre l'action publique.

Victime des erreurs judiciaires , je réclame la justice des lumières de MM. les conseillers de la Cour de cassation, et une interprétation en ma faveur du silence intermittent de la législation politique, conformément à la jurisprudence établie par tous les tribunaux en matière civile, criminelle et correctionnelle.

En butte aux persécutions de quelques hommes puissans, je me mets sous la protection de la Cour suprême.

FIN.

9 782019 934651